LES MONSIEUR MADAME font la cuisine

MONSIEUR MADAME

Publié pour la première fois par Egmont sous le titre *Mr Men Ready Steady Bake!* en 2019.

Édité par Hachette Livre, 58 rue Jean Bleuzen 92178 Vanves Cedex.
Dépôt légal : mai 2019. Maquette : Amstramgram.
Loi n° 49-956 du 16 juillet 1949 sur les publications destinées à la jeunesse.
Achevé d'imprimer par Canale en Roumanie.

LES MONSIEUR MADAME font la cuisine

Roger Hargreaves

Écrit et illustré par Adam Hargreaves

hachette
JEUNESSE

C'était l'évènement de l'année chez les Monsieur Madame.
Le concours de pâtisserie de l'été allait commencer !
Cette fois, c'était monsieur Malin qui l'organisait.
Et il devait désigner ceux qui allaient juger la compétition.
Mais qui allait-il donc choisir ?

Tous les Monsieur Madame
s'entraînaient à faire leur gâteau.
Comme madame Boulot.
Elle s’entraînait.
Et elle s’entraînait.
Et elle s’entraînait encore.
Que de gâteaux !

La pâtisserie demande beaucoup de précision. Madame Proprette faisait bien attention à mesurer et peser très soigneusement tous les ingrédients de sa recette.

Elle avait des cuillères mesure, des verres doseurs, des pichets mesureurs, et de très nombreuses balances. Et grâce à sa précision, elle avait préparé une petite tartelette à la confiture absolument parfaite.

Monsieur Pressé, en revanche, était trop pressé
pour prendre la peine de mesurer quoi que ce soit.
Ou de peser quoi que ce soit.
Ou de mélanger quoi que ce soit correctement.
Et il était trop pressé pour laisser
son gâteau cuire
au four assez longtemps.

Le résultat fut donc un gateau vite fait...

... qui eut tout aussi vite fait de s'écrouler !

La cuisine de monsieur Inquiet était quant à elle
un véritable bazar !
Madame Canaille avait en effet discrètement desserré
le couvercle de son mixeur.
Oh ! là, là ! Il y avait du glaçage rose partout !
Quelle angoisse !

Monsieur Étonnant avait choisi de ne pas cuisiner quelque chose de sucré.
Il avait fait un roulé à la saucisse…

… qu'il roula
jusqu'en bas
de la colline !

La veille du concours, tout le monde alla faire ses courses.
Bien sûr, pour faire un plat savoureux, il faut beaucoup d'ingrédients savoureux.
Monsieur Parfait acheta des fraises, du chocolat, de la vanille et de la crème.

DÉLICIEUX !

À l'inverse, la liste de monsieur Avare n'était pas aussi excitante.
Il acheta un cassis.
Un seul cassis pour sa brioche aux cassis !
Quelle avarice !

Le grand jour du concours arriva.
Sous la tente, tout le monde attendait nerveusement derrière sa table de cuisine.

– À vos marques ! Prêts ? Pâtissez !
s'écria monsieur Malin.

La compétition était lancée !
Il fallait mélanger, battre, rouler, mixer et pétrir aussi vite que possible.

Ils n'avaient que deux heures pour terminer leur gâteau.

Pauvre monsieur Lent.

Il lui fallut déjà une heure rien que pour casser un œuf !

Monsieur Incroyable essaya vraiment d'impressionner
les juges. Il prépara un gâteau renversé...
... à l'envers !

Pas sûr que monsieur Étourdi remporte un prix cette année.
Il oublia d'allumer son four.
Son gâteau était totalement liquide !

Et ce ne fut pas la seule catastrophe…
Madame Malchance trébucha sur son rouleau à pâtisserie et fit tomber ses cupcakes au chocolat.

Quant à monsieur Farfelu, il mit beaucoup trop
de levure dans sa préparation.

Pas de prix non plus pour monsieur Méli-Mélo.
Il voulut préparer une miche de pain, mais il confondit farine et fleur.

Madame Canaille cuisina une tarte à la crème.
Et devine ce qu'elle en fit ?

PAF !
Évidemment !

Monsieur Maigre prépara un petit biscuit,
de la taille idéale pour son petit appétit.
Et madame Beauté fit un magnifique gâteau.
Tellement gros que monsieur Costaud
dut l'aider à le porter jusqu'à la table
des juges.
Toujours prête à se faire remarquer
cette madame Beauté !

Il y avait beaucoup de plats à juger.
Gâteaux, muffins, tartes, biscuits, pain
et pâtisseries.
Monsieur Malin avait choisi deux juges experts
en cuisine.
Tout le monde quitta la tente pendant la délibération
des juges.

Mais quand ils furent rappelés pour la remise des prix,
la table de présentation des gâteaux était totalement vide.
Pas un biscuit ou une tarte ou une brioche n'avait été laissé.
Tout avait disparu.
Chaque miette,
chaque morceau,
chaque petit bout !
As-tu deviné qui monsieur Malin avait choisi comme juges ?
C'est ça !
Monsieur Glouton et madame Dodue !
Tous les gâteaux avaient disparu dans leur ventre !
Et leur ventre était très gros !

Monsieur Glouton et madame Dodue avaient avalé
la nourriture si rapidement qu'ils n'avaient aucune idée
de qui avait préparé quoi.
À l'exception de la tarte à la crème de madame Canaille.
Monsieur Malin savait parfaitement ce qui était arrivé
à cette tarte !
Tout ce que les juges pouvaient faire maintenant,
c'était attribuer le premier prix à tout le monde.
Ce qui fut une surprise inattendue pour monsieur Étourdi !

1er
1er
1er
1er
1er
1er
1er

Peut-être que monsieur Malin n'était pas aussi intelligent qu'il le pensait, finalement.
Choisir monsieur Glouton et madame Dodue pour être juges d’un concours de pâtisserie, c’est ce qu’on pourrait appeler…
… la recette d’un désastre !

RÉUNIS VITE LA COLLECTION ENTIÈRE

DES **MONSIEUR MADAME**

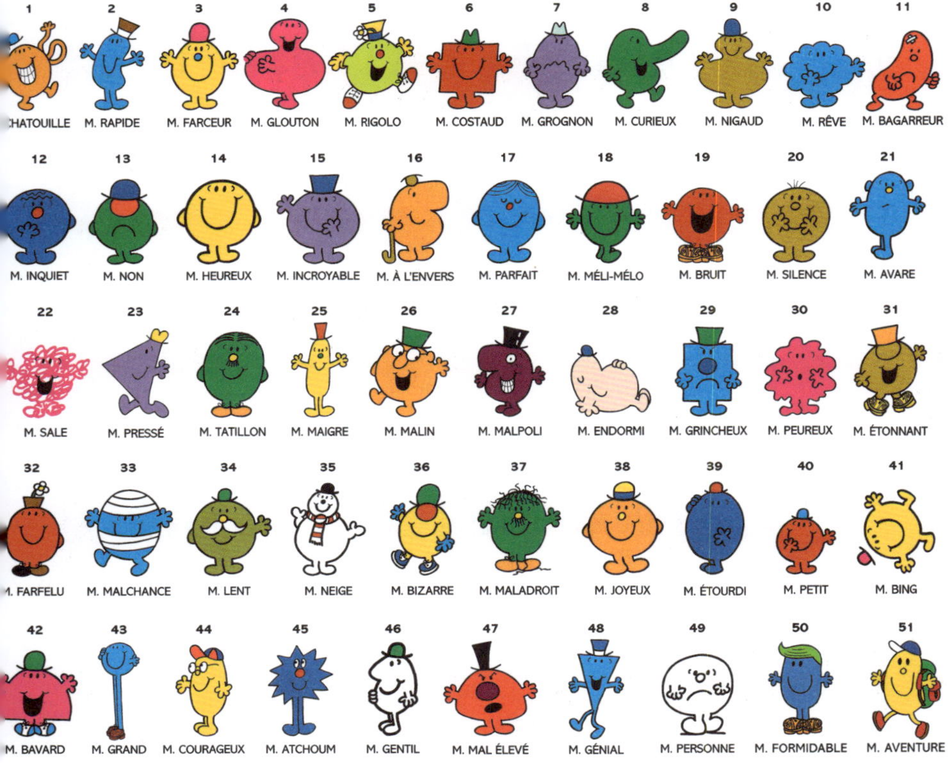

DANS LA MÊME COLLECTION :

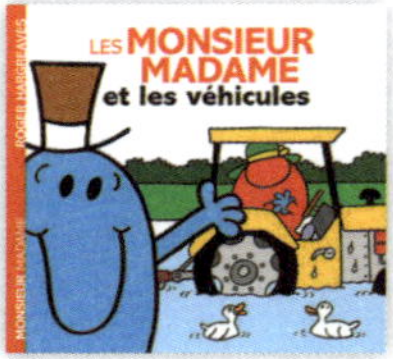

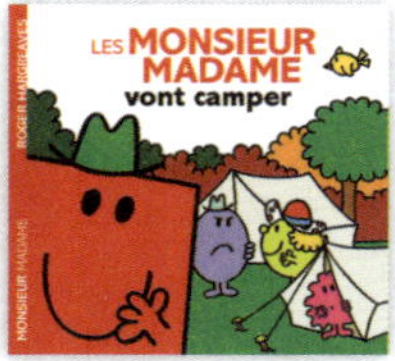